AF363043

Gustav Scharlach

Vom jungen Bismarck - Briefwechsel Otto von Bismarcks mit Gustav Scharlach

e-artnow 2018

Manfred von Richthofen
Der rote Kampfflieger (Der Rote Baron): Die Autobiografie

Hermann Hirschfeld
Wahre Verbrechen: Mörder, Kriminal-Prozesse & Historische Kriminalfälle

Franz Kugler
Friedrich der Große

Franz Kafka
Briefe an Milena

Gustav Freytag
Der Kronprinz und die deutsche Kaiserkrone - Erinnerungsblätter deutscher Regimenter: Deutsch-Französische Krieg 1870/71

Hermann von Pückler-Muskau
Briefe eines Verstorbenen

Gustave Flaubert
Gustave Flaubert: Briefe an George Sand

Johann Peter Eckermann
Gespräche mit Goethe in den letzten Jahren seines Lebens

Oscar Wilde
De Profundis (Deutsche Ausgabe)

Franz Kafka
Brief an den Vater

Gustav Scharlach

Vom jungen Bismarck - Briefwechsel Otto von Bismarcks mit Gustav Scharlach

e-artnow, 2018
Kontakt: info@e-artnow.org

ISBN 978-80-268-8964-9

Inhaltsverzeichnis

1.

Lieber Giesecke![1]

Willst Du diesen Brief in derselben Stimmung lesen, in welcher er geschrieben ist, so trinke erst 1 Fl. Madeira. Ich würde mich wegen meines langen Stillschweigens entschuldigen, wenn Dir nicht meine angeborene Tintenscheu bekannt wäre, und wenn Du nicht wüßtest, daß ich in Göttingen lieber 2 Fl. Rheinwein trank, als einen Brief schrieb, und daß ich beim Anblick einer Feder Convulsionen bekam. Wie schlecht es mir in der letzten Zeit gegangen ist, hast Du wol gehört; ich habe auf der Reise noch in Braunschweig, Magdeburg, Schönhausen und Brandenburg 3-4 Wochen im Fieber gelegen. Später fanden sehr unangenehme Scenen zwischen mir und meinem Alten statt, der sich weigert, meine Schulden zu bezahlen; dieses versetzt mich in eine etwas menschenfeindliche Stimmung, ungefähr wie Charles Moor, als er Räuber wird; doch tröste ich mich, wie jener Straßenjunge: „et is minem Vater schonst recht, det ik friere, worum koft er mir keene Hanschen." Der Mangel ist so arg noch nicht, weil ich ungeheuren Credit habe, welches mir Gelegenheit gibt, liederlich zu leben; die Folge davon ist, daß ich blaß und krank aussehe, welches mein Alter, wenn ich Weihnachten nach Haus komme, natürlich meinem Mangel an Subsistenzmitteln zuschreiben wird; dann werde ich kräftig auftreten, ihm sagen, daß ich lieber Mohammedaner werden, als länger Hunger leiden wolle, und so wird sich die Sache schon machen. **En attendant** lebe ich hier wie ein **gentleman**, gewöhne mir ein geziertes Wesen an, spreche viel französisch, bringe den größten Theil meiner Zeit mit Anziehen, den übrigen mit Visitenmachen und bei meiner alten Freundin der Flasche zu; des Abends betrage ich mich im ersten Range der Oper so flegelhaft als möglich. Du würdest erstaunen, wenn Du jetzt einmal Gelegenheit hättest, meine Garderobe zu sehen - ein Haufen von Manchetten, Halsbinden, Unterhosen und anderen Luxusartikeln. Dabei langweile ich mich mit leidlichem Anstande. Doch ein Übel quält mich; der Knabe Peter fängt an mir fürchterlich zu werden; stehe ich auf, so ist er da, komme ich von Tisch, so ist er wieder da, er folgt mir wie ein Schatten an Orte, wo er nichts zu thun hat, zu Leuten, die er gar nicht kennt, mit seinem versteinerten Frühlingslächeln, mit seiner gigantischen Mantellippe, an der einst die Blicke von 1000 Wisbegierigen hängen werden, wenn die Weisheit in 7 verschollenen Sprachen davon fließt, wie der Speichel in 7 Kanälen. Schiller hat Unrecht, wenn er die Schuld das größte Übel nennt, Peter ist viel fürchterlicher; lieber von allen Furien verfolgt als von diesem ewigen Gesicht; von diesem Peter, zu dem der Apostel Paulus sprach: Sei dumm wie die Ochsen und ohne Falsch wie die Tauben. Motley lebt wieder in offener Feindschaft mit King; mit jedem Paketboot kreuzen sich Forderungen auf Doppelbüchsen. Aus Göttingen ist noch hier: Bierbaum, Löhning u. Genossen, das Faulthier Sch., und der schlanke Freiheitsbaum der Aristokratie, dem zum Menschen Alles, zum Kammerherrn nichts fehlt, als ein Schloß vor's Maul. Er lebt hier in seeliger Gemeinschaft mit 30 Vettern, denen er allen nichts vorzuwerfen hat, und von deren Beisammensein eine polizeiwidrge Anhäufung von Dummheit die einzige Folge ist; „sie essen nicht, sie trinken nicht", was thun sie denn? Sie zählen ihre Ahnen. Bei dem Artikel von Dummheit fällt mir ein, daß meine Alte ganz ernstlich darauf dringt, ich solle noch einmal zum Prediger gehen, weil ich sagte, manches in der Bibel sei bildlich gemeint.

Meine Adresse ist bis zum 15. Decbr. Kronenstraße 44, von da bis zum 10. Jan. Kniephoff bei Naugard in Pommern, später beim Pedell zu erfagen. Ich hoffe Du kannst Dir von Deinem Staatsdienste nächstens Zeit zu einer Antwort abmüßigen, nimm kein Beispiel an meiner Faulheit. Übrigens lebe fidel, grüße alles, was Du siehst und schreibe bald an Deinen treuen Freund und Bruder

O. v. Bismarck.

Berlin, den 14. Novbr. 1833

    Sr. Wohlgeboren
    dem Kgl. Hannöverschen

Hh Amtsauditor Gustav Scharlach
frei. Reinhausen.
(14/11. 1833.)

2.

Lieber Scharlach!

Wäre es dem bei der Schöpfung so reich begabten Menschen vergönnt schriftlich zu lachen, so würde ein großer Theil dieses Papiers mit dem Ausdruck dieser Zwergfellerschütterung angefüllt sein. Denn obgleich ich jetzt im Grunde in einer sehr boshaften Stimmung bin, so konnte ich nicht umhin, in ein fürchterliches Gelächter auszubrechen, als ich letzte Nacht beim Nachhausekommen Deinen Brieflas. Schicke mir doch die getreue Zeichnung von dem Gesicht mit welchem Du mit der gestrengen Amtmännin Boston spielst. Entfährt Dir nicht mitunter ein unwillkürliches „hängt" oder „vivat"? – Ich bin sehr wegen meines Zeugnisses in Noth. Schon vor 6 Wochen habe ich an Perz das Geld zur Einlösung desselben geschickt, und noch habe ich weder das Zeugniß, noch irgend Nachricht, wie es mit der Sache steht. Sei doch so gut, und schreib ihm gleich, wenn Du ihn nicht persönlich sprechen kannst. Die Sache ist sehr dringend, darum schreibe ich Dir nur kurz und schnell; wenn ich es in allerspätestens 10 Tagen nicht habe, so werde ich gar nicht aufgenommen. Erwarte das nächste Mal einen bessern und längern Brief und sieh jetzt zu, daß ich Nachricht bekomme, sobald es nur möglich ist. Grüße alle Landsleute und schreibe mir doch, wie es mit den Herren steht.

O. v. Bismarck.

> Adresse: Sr. Wohlgeboren
> dem Hh Amts-Auditor G. Scharlach
> Amt Rheinhausen bei Göttingen
> frei.
> 6 3/4 sgl.
> (Stempel: Berlin 10/12. 12-1.)

3.

Du siehst, wie wenig Deine tückische Strafpredigt gefruchtet hat, welche ich vor 4 Wochen erhielt und gar nicht bekommen haben würde, wenn ich überhaupt der Besserung fähig wäre. Ich habe leider Deinen Brief in Berlin gelassen und kann daher in keine specielle Erwiderung eingehen, sondern nur bemerken, daß ich Dir über Correspondenz gar kein Urtheil zugestehe, das Du mich gleich nach unserer Trennung ein halbes Jahr auf den ersten Brief warten ließest, von dessen entschuldigendem Anfange ich Dir das nächste Mal eine Copie schicken werde, wenn Du noch weitere Einreden über die Sache machst. Mein Zeugnis ist, wie mir mein Bruder schreibt, endlich angekommen, aber ich fürchte zu spät, da die Universitätsbehörden schon seit Weihnachten nichts mehr von mir wisen wollten; ich werde daher wol das Portefeuille der Auswärtigen ausschlagen, mich einige Jahre mit der rekrutendressierenden Fuchtelklinge amüsieren, dann ein Weib nehmen, Kinder zeugen, das Land bauen und die Sitten meiner Bauern durch unmäßige Branntweinfabrikation untergraben. Wenn Du also in 10 Jahren einmal in die hiesige Gegend kommen solltest, so biete ich Dir an, so viel Kartoffelschnaps trinken, als Du willst und auf der Hetzjagd den Hals brechen, so oft es Dir gut scheint. Du wirst hier einen fettgemästeten Landwehroffizier finden, einen Schnurrbart, der schwört und flucht, daß die Erde zittert, einen großen Abscheu vor Franzosen hegt und Hunde und Bediente auf das brutalste prügelt, wenn er von seiner Frau tyrannisiert worden. Ich werde lederne Hosen tragen, mich zum Wollmarkt in Stettin auslachen lassen, un wenn man mich Herr Baron nennt, werde ich mir gutmütig den Schnurrbart streichen, und um 2 Thaler wohlfeiler verkaufen; zu Königs Geburtstag werde ich mich besaufen, und vivat schreien, übrigens mich häufig anreißen und mein drittes Wort wird sein: Auf Aehre! superbes Pferd! Kurz, ich werde glücklich sein im ländlichen Kreise meiner Familie; **car tel est mon plaisir.** Schade, daß meine Kenntnisse so vermodern, ich war schon bis zur Beendigung der Obligationen gekommen. Du sprachst in Deinem Brief von vielen Neuigkeiten, die mir Jungblut geschrieben haben sollte; ich habe dieses Schreiben gar nicht empfangen; überhaupt außer Deinem letzten Briefe seit Anfang December keine Zeile aus Göttingen gesehen. Ich habe diese Vernachlässigung Peter entgelten lassen; ich bin nicht einmal in seiner Wohnung gewesen, und fürchte, daß diese Kränkung doch den Weg durch das ranzige Speck seiner Gutmütigkeit gefunden hat, welches, wie Du weißt dick genug war, um ihm unbewußt die Bosheit vieler beißender Ratten zu nähren. Er kam in letzter Zeit seltener, die Zeitung bei mir zu lesen. Es tut mir leid, wenn ich ihn beleidigt habe; aber es wäre **selfdestruktion** gewesen, seine Gesellschaft noch öfter zu suchen, als er uns damit beglückte. In den letzten Tagen faßte ich mit Motley den männlichen Entschluß den Bombastus Paracelsus in seiner Höhle aufzusuchen. Die Taschen voll Bücher und Karten (Spiel), u. ein Schachspiel unter dem Arm klopften wir an, wurden sehr erleichtert durch die Donnerworte: Den Ihr suchet, trägt die Mappe, ist in Luchs ästhetischer Vorlesung. Bei alle dem war es indeß nicht mein Wille, ohne Abschied von ihm zu scheiden, wie leider durch meine löbliche Gewohnheit, alles auf den letzten Tag zu verschieben, geschehen ist. Ich glaube ich werde ihm schreiben; auf diese Weise versöhne ich ihn am Besten mit Vermeidung seiner Unterlippe und seiner langweiligen Conversation. Ich hoffe übrigens das nächste Mal einen ordentlichen Brief von Dir zu erhalten, und nicht einen einseitigen (d. h. 1 Seite langen) Wisch, mit irgend einer fabelhaften Entschuldigung am Ende. – Meine Säbelklinge ist nicht mit von Göttingen gekommen; wahrscheinlich hat sie einer der Unsrigen als Andenken behalten; ich mache aus der Not eine Tugend, und schenke sie Jungblut. Grüße den andalusischen Stier **vulgo** Stadtbullen, den Hamster, und alle Andren und melde dem Kaziken mein aufrichtiges Bedauern. Dem dicken Herrn schreibe ich nächstens, wenn ich wieder trunken bin.

Dein treuer Freund

O. v. Bismarck.

Kniephoff den 7. April 34.
Naugard.
An den Amtsauditor Herrn G. Scharlach
Wohlgeboren
Amt Reinhausen bei Göttingen.
frei.

4.

Lieber Scharlach!

Obgleich es ganz wider meine Grundsätze ist, zwei Briefe hintereinander ohne Antwort zu schreiben, so bin ich doch durch die Länge der Pause in unserer Correspondenz fast zweifelhaft geworden, wer von uns Beiden der schuldige Theil ist, und lasse Dir auf die Gefahr hin, meinen Grundsätzen untreu zu sein, den beifolgenden schriftlichen Rippenstoß zu kommen; als solchen, und zwar als einen aufmunternden, bitte ich Dich, diesen Brief vorzugsweise anzusehen. Die lange Unterbrechung unserer Mittheilungen wird es nicht nöthig machen, Dir nähere Auskunft über meine jetzige Lage zu geben. Nachdem ich dem zuletzt ziemlich kategorischen Drängen meiner Eltern, Soldat zu werden mit siegreicher Festigkeit widerstanden hatte, setzte ich mich vermittelst angestrengter Arbeit, mit Hilfe der heiligen Jungfrau, in den Stand, den sehr achtenswerthen Charakter eines Rechtskandidaten mit dem eines kgl. Beamten, d.h. Referendar beim Berliner Stadtgericht zu vertauschen, und als protokollierendes Mitglied der hiesigen Criminaldeputation beitreten zu können. Mein Plan ist nun, hier noch ein Jahr zu verweilen; dann zur Regierung nach Aachen zu gehen, nach Verlauf eines zweiten Jahres das diplomatische Examen zu machen, und mich der Huld des Schicksals zu empfehlen, wo es mir dann vor der Hand gleichgültig sein wird, ob man mir Petersburg oder Rio Janeiro zum Aufenthalt anweist. Wenn ich im nächsten Sommer nach Aachen gehe, so mache Dich auf einen plötzlichen Besuch gefaßt, und auf eine Orgie zur Erinnerung der guten Göttinger Zeit. Es klingt einigermaßen auffallend, wenn ich Dir sage, daß ich seit 6 Monaten nicht einmal halb heiter gewesen bin, und daß ich mich zum letzten Male mit unserem 60jährigen Landrath auf der Jagd in Madera angerissen habe! Den Tag über beschäftige ich mich wissenschaftlich, und des Abends nehme ich meinen Thee in irgend einem achtungswerthen Familienzirkel, höre und führe Wettergespräche mit einem Gesichte, als sagte ich lange nicht alles, was ich wüßte.

Von Göttinger Freunden habe ich lange nichts gehört, außer von Dewitz, den ich hier einen Augenblick auf Durchreise sah, der mir aber wenig interessantes mitzutheilen wußte. Max Flügge ist hier; wir sehen uns häufig auf der Straße, und fordern uns jedesmal gegenseitig zum Besuch auf, bis jetzt aber ohne Erfolg. Du wirst in diesem Brief meine alte Gewohnheit wiederfinden, viel von mir selbst zu sprechen; Thu mir den Gefallen, sie nachzuahmen und fürchte nicht, deshalb in den Verdacht der Eitelkeit – –

Der Schluß fehlt!

Poststempel Berlin 5. 5.

Dem Auditor
Herrn Gust. Scharlach
Wohlgeboren
frei. Herzberg am Harz

5.

Lieber Scharlach!

Vorgestern bin ich von meinem auf dem Lande zugebrachten mehrwöchentlichen Urlaub zurückgekehrt, und jetzt wieder in vollem Zuge beschäftigt, die Verbrechen der Berliner ans Licht zu ziehen und zu bestrafen. Dieser dem Staat geleistete Dienst, bei welchem mir bis jetzt die mechanische Function des Protokollierens obliegt, sprach an, oder war leidlich, so lange er neu war; nun sich aber meine schönen Finger unter der Last der immer beweglichen Feder zu krümmen anfangen, wünsche ich sehnlichst, mich dem Gemeinwesen auf eine andere Weise nützlich machen zu können. Doch eine höchst unphilosophische Leidenschaft läßt mich diese, sowie manche andere Unannehmlichkeit mit Geduld ertragen; Du wirst sie errathen, und es wird Dich nicht befremden zu hören, daß mein Ehrgeiz, welcher früher minder heftig und anders gerichtet war, mich zu einem in meinem bisherigen Leben beispiellosen Fleiß veranlaßt, so wie zur Ergreifung aller anderen Mittel, welche mir irgend zur Beförderung im Leben zweckdienlich scheinen. Ich weiß nicht, ob Du noch in der Stimmung bist, über eine solche Thorheit hinter einem guten Glase Scharlachberger mitleidig zu lächeln, eine Stimmung, die ich nicht umhin kann, höchst glücklich zu nennen, ohne sie grade zurück zu wünschen; vielmehr bin ich meines Theils zur Zeit so verblendet, daß ich ein reines Vergnügen ohne Nutzen für Zeitverlust halte, meinen Bedienten mit den unfreundlichsten Instructionen gegen jeden Besucher versehe, und äußerst verdrießlich darüber bin, daß mein, sich zum Wettrennen hier aufhaltender Alter mich täglich zu einem 3stündigen Mittagessen zwingt. Doch hoffe ich, daß meine ehemalige muntere Laune ihre Auferstehung feiern wird, wenn ich im nächsten Sommer, nach meinem 2ten Examen auf der Durchreise bei Dir für einige Tage spreche. Grade in der Einsamkeit denke ich viel an meine alten, noch immer unersetzten Freunde, und Deine Nachricht, wie lebhaft sich Hannovera meiner noch erinnert, machte mir einen tiefern Eindruck, als ich sonst gewohnt bin. Als vor einiger Zeit meine bildschöne Cousine zufällig in meinem Zimmer war, betrachtete sie meine Silhouetten, und zog sogleich den Cerevisianer darunter hervor, mit dem überraschten Ausruf: „Ah, der ist hübsch". Versäume ja nicht, ihm bei Gelegenheit diese Anerkennung seiner wesentlichsten Vorzüge von Seiten einer competenten Richterin mitzutheilen; es wird Dir jenen dankbaren Blick einbringen, der so geeignet war, den dicken Herrn zu bezaubern, und Du wirst das Glück haben, jene beneidenswerth nichtssagenden Züge in dem Ausdruck höchster Befriedigung zu sehen. Es thut mir leid, daß meine Cousine, in die ich beiläufig gesagt verliebt bin, ihn nicht kennen lernen kann; seine Person wäre weniger fähig, meine Eifersucht zu erregen, als sein Bild. Ich bin schon oft Willens gewesen, mich mit Otto D. und dem Bullen in Correspondenz zu setzen, aber auch dies steht jetzt unter der Kategorie der eben genannten Vergnügungen, die der berechnende Egoismus mir verbietet. Mein Leben ist wirklich etwas kläglich, bei Lichte besehen; am Tage treibe ich Studien, die mich nicht ansprechen, Abends affektiere ich in den Gesellschaften des Hofes und der Beamten ein Vergnügen, welches ich nicht Sch. genug bin zu empfinden oder zu suchen. Ich glaube schwerlich, daß mich die vollkommenste Erreichung des erstrebten Ziels, der längste Titel und der breiteste Orden in Deutschland, die staunenswertheste Vornehmheit, entschädigen wird, für die körperlich und geistig eingeschrumpfte Brust, welche das Resultat dieses Lebens sein wird. Öfters regt sich noch der Wunsch, die Feder mit dem Pflug, und die Mappe mit der Jagdtasche zu vertauschen; doch das bleibt mir ja immer noch übrig. Eben kommt mein Vater zu Haus, ich muß abbrechen. Grüße wen Du willst, und lebe wohl.

    Dein treuer Freund und
    Bruder

O. v. Bismarck.

    den 18. Juni 1835.

6.

Herzberg den 19. Juli 1835

Über Deinen ungeheuren Fleiß, lieber Bismarck, dessen Du in Deinem letzten Briefe so ruhmredig Erwähnung thust, habe ich eine große Freude gehabt und daraus die feste Überzeugung geschöpft, daß Du jedenfalls dereinst als zweiter Talleyrand, Metternich, oder was sonst für ein Fach Dir am meisten zusagt, glänzen wirst. Dieses im Eingange als Kitzel für Deinen Ehrgeiz, den Du mit herablassendem Stolze meinen bescheidenen Wünschen entgegensetzest, die sich mit einer Flasche Scharlachberger als ihrem höchsten Ziele vollkommen befriedigt fühlen! – Ich denke übrigens auch schon seit längerer Zeit an mein zweites Examen und mit um so größerem Ernste, als es mir gar nicht so fern, und unser letztes und verhängnisvollstes ist. – Meine Studien dagegen können mich zuweilen wohl veranlassen, einige Bände der Gesetzsammlung mit Gähnen oder mit einiger Heftigkeit zur Seite zu werfen, werden mich aber nie zu solch einem mürrischen Stubensitzer machen können, der Deiner eigenen Relation zufolge aus Dir geworden ist. – Dein Versprechen, mich nächsten Sommer einige Tage lang besuchen zu wollen, war mir bei aller sonstigen Annehmlichkeit Deines letzten Briefes doch das Angenehmste. – Du must es aber auf jeden Fall halten und versprechen, mich besuchen zu wollen, wohin ich auch versetzt seyn möge. – Mein Examen hoffe ich nämlich, spätestens im April nächst. Jahrs gemacht zu haben, und bin also nächst. Sommer schon Assessor, aber schwerlich in Herzberg, doch wahrscheinlich im Göttingischen oder Grubenhagenschen.

Den Juden hat einer meiner hies. Collegen, der kürzlich zum zweiten Examen in Hannover war, dort in der Uniform der Calenberg. Ritterschaft umherwandeln sehen. Das unerwartet gute Examen, welches er durch irgend ein glückliches Ungefähr zu machen im Stande war, hat ihm eine hohe Idee von seinen juristischen Fähigkeiten beigebracht, so daß er seine Carriere bei den höheren Justiz-Collegien zu machen denkt, und jetzt wahrscheinlich sein Canzlei-Auditoren-Examen schon gemacht hat. Der geliebte Iwan ist abgegangen und baut paterna rura bobis suis. – Der Bulle hat den Advocatenstand verlassen und befindet sich seit einiger Zeit als Auditor beim Amte Liebenburg im Hildesheimschen, wo er als Collegen Deinen Freund Fischer und Hasso Froßhardt hat. Von Hoppenstedt habe ich vorgestern einen langen Brief gehabt. Er ist nach Fallingbostel, in der Lüneburger Haide, und Oldekop nach Coppenbrügge, nicht weit von Hannover versetzt. Bei letzterem werde ich vorerst die befriedigenden Eröffnungen, womit Du mich beauftragt hast, nicht anbringen können. – K... und der lange D..., bei den Ämtern Neustadt und Blumenau sollen nach Hoppenstedts Berichten die unbrauchbarsten Subjecte seyn; ihre Expedition besteht in Ausfertigen von Vorladungs-Mandaten für die ... –

Moritz hat eine Hauslehrerstelle in Curland angenommen, wohin er sich allernächstens begeben wird. Er hat übrigens sein 2tes theolog. Examen mit Glanz bestanden, so daß er nach seiner Rückkehr sofort Pfaffe werden kann. – Von dem dicken Herrn und Türken habe ich seit lange nichts erfahren; meiner Berechnung nach müßten sie jetzt in Celle zum 2ten Advocaten-Examen seyn. – Der kleine Echte advocirt in Nienburg, und hat seinen alten Leichtsinn, der ihn dort Anfangs in nicht geringen Mißcredit gesetzt hat, gänzlich abgeschworen. –

Das wäre so ziemlich Alles, was ich von unseren alten Bekannten Dir melden könnte. – Von mir selbst habe ich das Bemerkenswerthe beiläufig schon mitgetheilt. Ich freue mich auf die Gerichtsferien, die heute über acht Tage beginnen, wo ich ohne Störung mit der Theorie mich beschäftigen kann, möchte aber lieber, daß irgend ein Zufall mir 40 Ldr. verschaffte, die ich sogleich zu einer Reise nach Berlin benutzen würde, um den lange entbehrten Genuß Deiner Unterhaltung einmal wieder zu haben. – Schreib mir recht bald! eine Bitte, die Dein gutes Herz gewiß überflüssig machte, wenn Du die Freude sehen könntest, mit der ich jeden Brief von Dir erbreche.

Lebe wohl, liebster Bismarck. Dein

G. Scharlach.

Herrn

Stadtgerichts-Referendarius
Otto von Bismarck,
Hochwohlgeboren

frei.
  in Berlin.

7.

Herzberg den 13. Oktober 1835.

Ich setze voraus, mein lieber Bismarck, daß Du mit dem Kleide des Staatsdieners zugleich einen anderen Menschen angelegt hast und fürchte deshalb nicht Dein fürchterliches Hohngelächter, das Du als leichtfertiger Bruder Studio jedenfalls bei der wichtigen Nachricht aufgeschlagen hättest, die Dir jetzt zu Theil werden soll. Im Gegentheile hoffe ich, daß Du *dem Bräutigam seiner schönen Cousine Helene Blumenhagen* die alte Freundschaft bewahren und seinenm entsetzlichen Glück einige Theilnahme schenken wirst. Eine weitläufige Geschichte meiner Liebe, die schon vor länger als Jahr und Tag sächsischer Berechnung entstanden war, will ich Dir schenken; genug, gestern vor 6 Wochen faßte ich mir ein Herz, am Tage darauf hatte ich die Einwilligung meines Onkels und meiner Tante, und kurze Zeit nachher langte meine redliche Mutter mit einer ansehnlichen Partie Segen aus Hannover hier an. - War noch etwas vom academischen Reste an mir haften geblieben, so hat dieses Ereigniß es vollends abgestreift. Der Flecken mit seinen wilden **Gardes du corps** und meinen theilweise langweiligen Collegen vermag mich nicht mehr vom Schloßberge herunter zu locken. Ich studiere heftig, und bin die Mußestunden bei meiner Braut (lache nicht!) und denke Ostern ein pompeuses Examen zu machen. - Eine Stelle mit einigem Gehalte kann dann auch nicht lange ausbleiben, und bald erhältst Du eine Einladung zu meiner Hochzeit. -

Bilde Dir übrigens nicht ein, lieber Bismarck, daß Du so ganz ohne allen Rüffel davon kommst. Meinen letzten Brief durchaus ohne Antwort zu lassen, würde meinen höchsten Zorn erregt haben, wenn ich jetzt Zeit dazu hätte, und überhaupt fähig wäre, Dir einen Augenblick böse zu seyn. - Ich hoffe jedoch, daß Du durch eine desto schleunigere Beantwortung dieses Schreibens Deine Sünden völlig wieder gut machen wirst, und lasse Dir in dieser Voraussetzung praenumerando schon jetzt Verzeihung angedeihen. -

Im Laufe dieses Sommers kam ich mit einigen Studiosen in eine verlegene Berührung. Eines Abends gelangte aus dem Gasthause im Flecken die Botschaft an mich, daß Studenten dort seyen und mich zu sehen wünschten. Ich folge der Ladung und werde im Garten des Wirthshauses, während oben die sämmtlichen Honoratioren des Ortes am Whisttische sitzen, von besoffenem Gebrüll J.s, E.s, G.s und zweier unbekannter Vandalen begrüßt. Erstere beiden waren am unangenehmsten und hatten schon vorher auf einer taumelnden Promenade durch den Ort und am Schloßberg sich bemüht, mit einem Fräulein von Uslar, einer Freundin meiner Cousine, die bei uns zum Besuch war, ein lallendes Gespräch anzuknüpfen. Der Zweck der Reise war, G. nach Hause zu begleiten, dem **sub rosa** die schleunigste Entfernung von Göttingen angerathen war, wenn er nicht verwiesen werden wollte. - E. und J. war ich bald behülflich ins Bett zu transportiren, nachdem Jener noch ein Duell mit mir contrahirt hatte, am anderen Tage aber in Erwartung meiner Bürgschaft beim Gastwirth alles revocirte. - Von Dammers habe ich noch immer keine Nachricht. Haccius hat mich neulich durch den Amts-Assessor Hasenbalg, den 2ten Beamten in Liebenburg, grüßen lassen, der ihm rücksichtlich seiner Geschäftsführung das größte Lob ertheilte. Hoppenstedt sitzt einsam in der Lüneburger Haide, in Fallingbostel und arbeitet **in regiminalibus** und **domanialibus**. - Lebe wohl, liebster Bismarck, laß mich nochmals die Bitte wiederholen, recht bald mir zu antworten!

Dein
G. Scharlach.
Herrn
Stadtgerichts-Referendarius Otto von Bismarck,
Hochwohlgeboren
frei. zu Berlin

8.

Berlin, den 20. Ocktober.

Wenn ich auch, mein lieber Gustav, für mein bisheriges Stillschweigen in meinem Fleiß und sicher für die Wissenschaft eine wenigstens formell statthafte Entschuldigung anführen möchte, so wüßte ich doch keine, die mir erlauben würde, Dein Schreiben vom 13ten d. M. einen Augenblick unbeantwortet zu lassen, vielmehr erhälst Du, wo möglich mit umgehender Post, den herzlichsten Glückwunsch zu dem mir darin angezeigten Schritt, und wenn auch nicht so viel Segen, als Deine Rechtschaffene von Hannover mitgebracht hat, doch allen, der von einem so unheiligen Individuum wie das eben schreibende, ausgehen kann. Empfiehl mich Deiner schönen Cousine und mache mich ihr **in absentia** als Deinen besten Freund bekannt. Du bist, wenn mein Gedächtniß mich nicht täuscht, 25 Jahr, ein Alter, welches zwar dasjenige nicht erreicht, welches ich, wenn alles bei ruhiger Überlegung bleibt, für meine Person als den Termin zu einer einzugehenden ehelichen Verbindung angesetzt habe - welches jedoch bei einem so vernünftigen und „von allem Burschikosen Rest so gänzlich befreiten" jungen Mann, wie Du mein ehrenwerter Freund, vollkommen hinreicht, um Dich nicht in einigen Jahren jene verdrießliche Unruhe empfinden zu lassen, welche ich häufig an jung verheiratheten Männern wahrgenommen habe. Es wäre mir über alles lieb, wenn ich meine Durchreise durch jene Gegend so einrichten könnte, daß sie mit Deiner Hochzeit zusammenfiele; aber in Folge einer kürzlich erschienenen Verordnung kann ich noch nicht einmal mit Gewißheit erwarten, so früh zum Examen gelassen zu werden, als es mein Wunsch war; nur durch Machinationen und Connexionen gelingt es vielleicht noch. Ich muß doch etwas unwillkührlich lächeln, wenn ich uns beide als Eheleute denke; die glücklichen Weiber! Nicht, als ob bei mir der Zeitpunkt auch schon so nahe läge, wo ich unter der Masse des zweiten Geschlechts diejenige werde namhaft machen, welche ich gesonnen bin zu meiner Gattin (unter uns gesagt, das einzige Wesen in der Welt welches ich beneide) zu erwählen gedenke; ich bin zwar fortwährend excessiv verliebt, wechsle aber häufig den Gegenstand meiner Neigung; doch würde ich vielleicht sehr bald einige Versuche dazu machen, wenn bei mir irgend eine leidenschaftliche Aufregung von Dauer war. Ich finde meine Ruhe immer bald wieder und lebe auf diese Weise leidlich zufrieden, bis auf mitunter eintretende pecuniäre Unannehmlichkeiten, den Du glaubst nicht, was meine Alten in dieser Beziehung unduldsam sind; das Leben hier ist infam theuer, besonders wie ich es zu führen gewissermaßen gezwungen werde; so kommt es, daß ich 2 sehr drückende Posten in Göttingen noch immer nicht bezahlt habe. Diesen Winter soll ich an den Hof gehen; ich habe keine große Neigung dazu, aber meine Alten wünschen es und haben auch wohl Recht dabei, indem es doch für mein Fortkommen von Nutzen sein kann. - Ich habe von Göttingen und meinen alten Freunden wenig gehört; zuletzt durch Dewitz, der indessen von der letztern Rubrik wenig mitzutheilen wußte. Von J. wollte er gar nichts mehr wissen. Daß Dir das in Deinem Briefe erwähnte Zusammentreffen mit ihm und meinem unschädlichen Freunde E. (über dessen langes, gewiß unnützes Studiren ich mich beiläufig wundere) unangenehm war, ist mir bei den obwaltenden Umständen sehr einleuchtend. - Ich bin Morgens 8 bis Abends 8 fleißig, ziehe mich dann an, gehe in Gesellschaft, und so 7 Tage in der Woche. Du kannst mein **empressement**, Dir zu antworten und meine lange Nachlässigkeit gut zu machen, daraus beurtheilen, daß ich, als ich nach Haus kommend, Deinen Brief fand, obgleich ich eben 7 Stunden in einer sehr umfassenden Untersuchung wegen Pederastie protokolliert hatte, doch gleich diesen langen Brief schrieb, über den ich mein Mittagessen aber kalt werden lasse. Nimm Dir ein Beispiel daran, und lebe wohl, ich schließe, denn es wird finster. Grüße wen Du willst, und vergiß über die Braut nicht gänzlich Deinen treuen Freund

O. v. Bismarck.

Entschuldige die durch Hunger bewirkte Eilfertigkeit und Schmiererei.

9.

Herzberg den 1. Nov. 1835.

Du hast mir, mein lieber Bismarck, durch Deinen Brief vom 20. vor. M., und besonders durch die außerordentlich prompte Beantwortung meines letzten Schreibens eine große Freude gemacht. Für Deinen Glückwunsch sage ich Dir meinen herzlichsten Dank. Meiner Braut habe ich Dich befohlener Maßen empfohlen; sie kannte Dich längst schon als meinen liebsten Freund; und war also dieser Theil Deines Auftrags als im Voraus erledigt **ad acta** zu legen.

Amüsirt hat mich Deine unbegründete Besorgniß, daß meine Hochzeit Deiner Durchreise durch unsere Gegend vorangehen möchte. Wenn Dein Examen auch noch so weit hinausgeschoben werden sollte, wirst Du doch immer noch von Aachen aus mit dem unverehelichten pp. Scharlach correspondiren können. – Mein Väterliches ist zwar im Stande, einen ledigen Menschen kümmerlich zu erhalten, möchte aber nicht ausreichen, Frau und Kinder ehrlich durch die Welt zu bringen. Ich bin daher genöthigt, auf eine Beihülfe des Staates zu warten, und hoffe, daß der Ruf meiner Unbrauchbarkeit und einige Connexionen diesen Zeitpunkt nicht zu weit entfernen werden. – Bald nach Ostern denke ich das Examen zu machen, dann vielleicht noch 1 Jahr als Supernumerar. Amts-Assessor an irgend einem Orte zu bleiben, und darauf mit Gottes Hülfe und demselben Titel als Hülfsarbeiter an einer beliebigen Landdrostei (Du weißt, so heißen unsere höheren Regierungsbehörden) gesetzt zu werden. Als solcher bekomme ich einen Gehalt von 5-600 Thlr. und kann dann allenfalls ans Heirathen denken. – Auf diese Weise erreiche ich vielleicht doch das Alter, in welchem Du bis jetzt entschlossen bist, in den Stand der heiligen Ehe zu treten. –

Deinem Brief nach scheinst Du noch immer als Protokollführer **in criminal.** zu agiren und ich beneide Dich wahrlich nicht darum. – Angenehmer ist es gewiß bei unseren Aemtern, wo der angehende Staatsdiener von vornherein mit Justiz- und Regierungssachen aller Art zu thun hat und bekannt wird. – Criminal-Sachen machen nie großen Spaß; bei uns aber bekommt der Auditor, sobald er nur einigermaßen routinirt ist, die ganze Leitung einzelner Untersuchungen, und ruft nur nach beendigter Verhandlung zur Vorlesung und Mitunterschrift der Protokolle einen anderen Beamten herzu. Ebenso selbstständig hält man die mündlichen Termine in Prozeßsachen und Administrationssachen ab. – Das aber ist unangenehm, daß die Aemter nur die Instruction, nicht die Entscheidung **in criminalibus** haben, und die Acten, wenn sie spruchreif sind, zur Entscheidung an die betreffende Justiz-Canzlei einschicken müssen. – Ich habe mich zum größten Theile nur mit der Leitung und Entscheidung der Civil-Prozesse und der freiwilligen Gerichtsbarkeit beschäftigt, alles Andere nur soviel getrieben, daß ich bei der Meldung zum 2ten Examen ganz von mir geführte Acten aus allen Branchen, wie es Vorschrift ist, dem Ministerio vorlegen kann. -

Mein Leben ist gewiß einförmiger noch als Deines. Des Morgens bis gegen 10 Uhr arbeite ich auf meinem Zimmer in Amtssachen, dann sind gewöhnlich bis 1 oder 2 Uhr Termine. Nach Tische bin ich bis 4 Uhr mit meiner Braut zusammen, und von da bis 8 Uhr studire ich in den gräulich langweiligen Verordnungen. Gesellschaften fallen vor, gehören hier aber nicht so zum täglichen Brode, wie bei Euch in Berlin.

Seit Du meinen letzten Brief bekommen, habe ich von keinem Freunde etwas erfahren, hoffe aber bald von Haccius und Hoppenstedt Briefe zu erhalten. Der dicke Lümmel muß mich aus der Reihe seiner Freunde gestrichen haben; seit Weihnachten habe ich nichts unmittelbar von ihm vernommen. – Haccius, der noch mit ihm correspondirt, ihn auch bei der größeren Nähe seines Wohnortes von Hannover häufig sieht, hat verstohlene Aufträge von mir erhalten, seine Indolenz aufzurütteln. – Bald hätte ich vergessen, daß der geliebteste Peter im Laufe des letzten Sommers ein glänzendes Doktoren-Examen gemacht hat. Ein dummer Professor soll über seine Dissertation geäußert haben, sie würde dem Zweige der Wissenschaft, den sie betroffen (ich kenne ihn leider nicht) eine andere Richtung geben. – Weiter gehen meine Nachrichten nicht.

Lebe wohl, liebster Bismarck, schreib recht bald!
Dein
G. Scharlach.

10.

Schönhausen den 4. Mai 36.

Lieber Scharlach.

Ich hoffe, Du wirst ernstlich böse werden, wenn ich mein langes Stillschweigen nur breche, um ein Versprechen zu revociren, durch dessen Erfüllung ich meine Nachlässigkeit einzig wieder gut zu machen hoffte. Ich gehe im nächsten Monat nach Aachen, aber nicht über Hannover, und unser Wiedersehen wird auf einen entfernteren Zeitpunkt hinausgeschoben, wenn Du mich nicht etwa auf einer Poststation zwischen Dresden oder Karlsbad und Frankfurt a. M. auffängst. Der Teufel reitet eine alte Tante von hoher Race, daß sie wünscht, ich soll sie als Reisemarschall nach Böhmen begleiten, und dort bei einem Verwandten abliefern. Der Umweg ist weit, aber eine alte Tante ist dasjenige Thier auf der Welt, vor welchem ich, nächst einer hübschen Cousine, die größte Ehrfurcht habe. Ich wage ihrer Ungnade nicht zu trotzen, und wenn ich anführe, ich hätte einen Freund in Hannover zu besuchen versprochen, so heißt es: „Lieber Otto, Du mußt Dich ja schämen, wenn Du nach Aachen kommst, und hast Dresden nicht einmal gesehen, und Freunde, die findest Du überall." „Schändliches altes Weib, das so leichtsinnig spricht!" wirst Du hier ausrufen. Sie denkt wie's ihr in der Jugend, so geht es uns auch. – Du würdest über mich lachen, wenn Du jetzt bei mir wärest. Seit vollen 4 Wochen sitze ich hier in einem alten verwünschten Schlosse, mit Spitzbogen und 4 Fuß dicken Mauern, einigen 30 Zimmern, wovon 2 meublirt, prächtigen Damasttapeten, deren Farbe an wenigen Fetzen noch zu erkennen ist, Ratten in Masse, Camine, in den der Wind heult, kurz, in „meiner Väter altem Schloß", wo sich alles vereint, was geeignet ist, einen tüchtigen Spleen zu unterhalten. Daneben eine prächtige alte Kirche, mein Schlafzimmer mit der Aussicht nach dem Kirchhof, auf der anderen Seite einer jener alten Gärten mit geschnittenen Hecken von Taxus und prächtigen alten Linden. Die einzige lebende Seele in dieser verfallenen Umgebung ist Dein Freund,der hier von einer vertrockneten Haushälterin, der Spielgefährtin und Wärterin meines 65jährigen Vaters, gefüttert und gepflegt wird. Ich bereite mich zum Examen vor, höre die Nachtigallen, schieße nach der Scheibe, lese Voltaire und Spinozas **ethicum**, die ich in der hiesigen, an Schweinsledern ziemlich reichen Bibliothek gefunden. Die Berliner meinen, ich wäre verrückt, und die Bauern sagen: „Use arme junge Hehr, wat mak em wul sin", wie mir meine alte „Mamsell" mitgetheilt hat. Dabei bin ich nie so zufrieden gewesen wie hier; ich schlafe nur 6 Stunden und finde große Freude am Studiren, zwei Dinge, die ich lange Zeit für unmöglich hielt. Ich glaube, der Grund oder besser die Ursache von alledem ist der Umstand, daß ich den Winter über heftig verliebt war; ein recht befremdliches **factum**, eine Thorheit, der ich mich nicht in so hohem Grade für fähig gehalten hätte, (verzeih, eben fällt mir ein, daß Du versprochen bist –) aber es ist mir doch fatal, wie ich mich so aus meiner philosphischen Ruhe und Ironie habe bringen lassen; das Beste dabei ist aber, daß ich bei meinen Bekannten beiderlei Geschlechts immer für den kaltblütigsten Weiberverächter gelte; so täuschen sich die Leute! Sie selbst hält mich, glaube ich, für einen von den wenigen, auf die sie keinen Eindruck gemacht hat. Schließe aus dieser Redensart nicht etwa, daß ich noch verliebt bin, denn daß sie schön ist, kann ihr ein jeder sagen, ohne ihr zu schmeicheln. Du wirst sie vielleicht sehen, es ist meine Cousine, jetzt versprochen mit dem 2ten *Sohn des Hh. v. M. in Hannover*. Aha! wirst Du sagen – unglückliche Liebe – Einsamkeit – Melancholie – etc. Der Zusammenhang ist möglich, doch bin ich jetzt schon wieder unbefangen und analysire nach Spinozistischen Grundsätzen die Ursachen der Liebe, um es künftig mit mehr Kaltblütigkeit zu treiben. Eben „heult die Thurmuhr Mitternacht", also schlaf wohl und erzähle mir in Deiner Antwort so viel von Dir, wie ich eben von mir, 2 Themata, welche mich ganz absonderlich interessiren.

Dein Freund

Otto v. B.

Für die Deiner Antwort zu gebende Direction muß ich noch anführen, daß ich bis zum 6ten Juni in Berlin, bis zum 15ten in Pommern, bis zum 28ten auf der Reise, von da an in Aachen sein werde.

Poststempel: Genthin 7. Mai.

An den Herrn

Gustav Scharlach
Hochwohlgeboren

frei. Amt Herzberg am Harz.

11.

Hannover den 8. Juni 1836.

Dein lange erwarteter Brief, lieber Bismarck, traf mich nicht mehr in Herzberg, sondern mußte mir nach Hannover nachgeschickt werden, wo ich damals gerade angekommen war, um mein zweites und letztes Examen zu bestehen. Die Beantwortung Deines Schreibens habe ich deshalb bis jetzt verschoben, um Dir zugleich den Erfolg meines Examens anzeigen zu können. Der letzte Freitag, der 3te **hujus**, war der verhängnißvolle Tag, und ist zu meiner Freude ein glücklicher Tag gewesen. Die reichlich eingeerndteten Complimente der Examinatoren kitzelten meinen Ehrgeiz und meiner Faulheit behagt das angenehme **Far niente**, dem ich mich jetzt nach diesem langen und langweiligen Studium der Verordnungen mit aller Sorglosigkeit hingeben darf. – Etwa 14 Tage werde ich noch hier verweilen, dann nach Herzberg auf einige Zeit zurückkehren, um dort meine Ernennung zum Amts-Assessor, die in wenigen Wochen erfolgen wird, erwarten. Herzberg wird aber nach den Versicherungen des Geheim. Canzleyraths Niemeyer, des Ministerial-Referenten in Bestallungssachen, nicht der nächste Schauplatz meiner Amtsthätigkeit seyn; ich muß darauf gefaßt seyn, entweder nach Ostfriesland oder dem Lande Hadeln, dem stolzen Vaterlande M.....s, versetzt zu werden; – ich hoffe aber noch immer, daß ich an irgend ein Göttingisches oder Grubenhagensches Amt komme und nicht gar zu weit von meiner Braut verschlagen werde. –

Die Revocation Deines Versprechens, Deine Reise über Hannover zu machen, hat mich, wie Du richtig geschlossen, ernsthaft betrübt. Die Gründe aber, welche Dich zu einer Abänderung der Reiseroute bestimmt haben, weiß ich anzuerkennen; meinen Zorn hast Du deshalb nicht zu fürchten. Solltest Du im September 1837 es nicht möglich machen können, das hundertjährige Bestehen der Georgia Augusta durch Deine Gegenwart zu verherrlichen? Die Aussicht, Dich dann in Göttingen zu treffen, würde mich veranlassen können, von dem fernsten Punkte des Reichs nach Göttingen zu reisen. Deine unglückliche Liebe, armer Bismarck, hat meine heftigste Theilnahme erregt; ich finde aber eine Beruhigung in Deinem vorletzten Schreiben, worin Du einer starken Veränderlichkeit Deiner Inclinationen Dich rühmst und hoffe deshalb, daß bald ein neuer Gegenstand den alten vollens verdunkeln wird. – Von unseren gemeinschaftlichen Freunden ist Dammers der Einzige, der jetzt hier in Hannover ist. Er hat vor einiger Zeit sein zweites Examen in Celle gemacht und wird sich allernächstens in Nienburg als Advocat niederlassen. Noch immer der Alte, der bei der Flasche jedesmal der frühesten Trunkenheit sich rühmt. Der Türke vegetirt fort als Advocat; mühsam erringt er sich jetzt eine kleine Praxis und hat kürzlich schon 1 Thlr. 6 Gg. verdient. Sällow lebt als Stadtgerichts-Auditor hier und laborirt fortwährend an Hypochondrie. – Von den **diis minorum gentium** sind Wehner und der lange K...hier. Letzterer wird Dich durch seine grämliche Langweiligkeit in Berlin belästigt haben; jetzt spuckt er **alternatim** Blut und jammert über die Arbeit, die ihm aufgegeben, deren er noch immer nicht Meister werden kann. – Wehner macht sein Auditoren-Examen; er trinkt regelmäßig Kaffee bei Bruns, und giebt unseren Augen Gelegenheit, in das Allerheiligste seiner Nase zu dringen. – Schweinchen, den ich fast vergessen hätte, ist auffallend solide geworden; er hofft auf eine baldige Anstellung als Bereiter, und hat sich vorgestern auf senes Vaters Credit ein wunderschönes Pferd gekauft. – Der Zimmermann steht noch bei seinem ersten Amte Liebenburg im Hildesheimschen und wird im Anfange des Winters sein Assessoren-Examen machen. Ich habe gestern eine Aufforderung an ihn ergehen lassen, in diesen Tagen, so lange der dicke Herr noch hier ist, uns zu besuchen; hoffentlich wird er gehorchen. –

Meine einzigen Studien bestehen jetzt darin, den Tag möglichst schnell zu tödten; die Zeit von 2-4 Uhr Nachmittags bringe ich in der Ständeversammlung auf der Tribüne zu, trinke dann in des dicken Herrn Gesellschaft Kaffee bei ... und bin des Abends im Schooße meiner Familie oder im Theater.

Vor einigen Wochen war Wright hier, und reiste dann über Hamburg, Lübeck, Petersburg, Moskau-Odessa nach Constantinopel. Er hat mehrere Jahre für diese Reise bestimmt. Von ihm

erfuhren wir, daß Knight Offizier bei der englischen Hülfsarmee in Spanien geworden sey. –
Leider schrieb uns Wright schon zwei Tage nach seiner Abreise von Hamburg, daß Knight vor
San Sebastian auf die grausamste Weise von den Carlisten niedergemetzelt sey. –

Schreib mir, lieber Bismarck, gleich nach Deiner Ankunft in Aachen und dirigire den Brief
nur nach Herzberg; ich will Dir dann ebenso schnell antworten und den Ort meiner Anstellung
anzeigen. –

Beiliegend erhältst Du das gewünschte Puffer-Recept, wie ich es nach einem gelehrten Vor-
trage meiner Rechtschaffenen möglichst deutlich zu Papier gebracht habe. –

Lebe wohl, lieber Bismarck, schreib mir recht bald.

Dein

G. Scharlach.
Herrn
Stadtgerichts-Referendarius Otto von Bismarck
Hochwohlgeboren
zu Kniephof bei Naugard
frei. in Pommern.

12.

Großenschneen bei Göttingen

am 4. Mai 37.

Ich habe Dir zwar, mein lieber Bismarck, unmittelbar nach meinem Examen von Hannover aus einen langen Brief geschrieben, dem ich die Richtung nach Kniephof gab; bezweifle aber, daß dieses Schreiben an seine Adresse gelangt ist, da ich während eines ganzen Jahres keine Antwort darauf erhalten habe. Erst seit wenig Tagen bin ich hier bei dem Amte Friedland angestellt, besitze noch nicht alle Acten, die ich zum Arbeiten nöthig habe, Du hast also hauptsächlich der Langenweile des heutigen Morgens diesen Wisch zu verdanken.

Ich habe Dir in meinem letzten Briefe bereits mitzutheilen gesucht, daß ich das Examen glücklich überstanden. Meine Anstellung verzögerte sich damals wegen einer Brunnenreise des betreffenden Ministerial-Referenten, wodurch mir Zeit gelassen wurde, bis Ende Augusts in Herberg bei meiner Braut zu bleiben. Endlich wurde ich zum Amts-Assessor ernannt und provisorisch an das Amt Münden versetzt, wo ich die Expedition des kranken dritten Beamten versah. Schon im Februar d. J. versuchte man, mich nach Lamspringe im Hildesheimischen zu versetzen, ließ mich aber auf eine Remonstration des Amts Münden einstweilen dort, bis ich denn endlich jetzt an das Amt Friedland versetzt bin. Gleim war mein Vorgänger, der schon seit 6 Wochen fort ist, in welcher Zeit eine Menge Rückstände sich angehäuft haben. Dazu kommt, daß in der ersten Nacht meines Hierseyns der 2te Beamte starb, dessen ganze Expedition mir auch aufgebürdet ist. Ich habe nun die streitige und freiwillige Gerichtsbarkeit und die Kriminalsachen zu besorgen, die Vormundschaftssachen aber abgelehnt, theils weil ich sonst keinen Augenblick für mich behalten würde, theils weil ich kaum volljährig geworden, zum Obervormunde also jedenfalls zu jung bin. Mein Aufenthalt hier ist schrecklich langweilig. In diesem Augenblick leisten mir zwar 4 dumme Garde du corps-Officiere Gesellschaft, aber auch dieser mäßige Genuß wird nach Beendigung der Exercirzeit aufhören. Der Amtssitz Friedland, wo der Amtmann Cordemann und Moller und Stud. Mensching, der sich vorbereitet, zum zweiten Male den anfänglich mißlungenen Versuch des Auditoren-Examens zu machen, wohnen, ist 1/2 Stunde von hier entfernt. Will ich sonst noch Menschen sehen, die ich nicht „Er" zu nennen brauche, muß ich stundenweit gehn. Göttingen ist 2 1/2 Stunden von hier entfernt, und mein einziger Bekannter dort, **Dr. jur.** und Privatdocent Peter E.. zu wenig liebenswürdig, um mich häufig zu diesem Marsch zu veranlassen. Du siehst, daß mein Aufenthalt hier nicht der angenehmste ist, doch hoffentlich wird man mich ebenso bald als bisher wieder versetzen. –

Von unseren Freunden habe ich selten und wenig Nachrichten. E... ist Advocat und Säufer in Nienburg, D... ist ebendaselbst das Erstere, und das zweite bisweilen. Hoppenstädt und Oldekop, bisher Auditoren, in Fallingbostel und resp. Coppenbrügge, haben ihr zweites Examen gemacht. Ob sie die Anstellung als Assessoren schon haben, weiß ich nicht. Haccius, **vulgo** Bulle, ist Amts-Assessor in Wöltingerode im Hildesheimschen. W... ist Auditor in Gieboldehausen, duelliert und besäuft sich mitunter in Göttingen, kurz, ist ein widerlicher Mensch geblieben. Der geliebte Ivan Stietencron hat auf den Staatsdienst verzichtet, und wird das **Beatus ille pp.** praktisch exerciren, und 2 von seinem Vater angekaufte zum Rittergut erhobene Maierhöfe cultiviren. Der Jude wollte seine juristischen Talente bei einem höheren Justizhofe glänzen lassen, hatte aber das Unglück, durch das Canzley-Auditoren-Examen durchzufallen, und soll kürzlich eine 12wöchige Gefängnisstrafe, die ersten und letzten 14 Tage bei abwechselnder Speisung mit Wasser und Brod im Criminal-Gefängnisse zu Hameln abgebüßt haben, weil er im Zorn einen unglücklichen Knecht mit der Mistgabel lebensgefährlich verwundet hat. Er ist daneben ein großer Aristocrat geworden, trägt regelmäßig die ritterschaftliche Uniform, einen blauen Frack mit rothen Kragen, und kennt seine alten Bekannten, die nur Advocaten geworden sind, nicht mehr. – Der kleine Bödeker, dessen Wintzigkeit ich beinah übergangen hätte, ist Advocat in Hannover.

Um nun noch einmal auf meine Person zurückzukommen, so bin ich entsetzlich solide geworden, und verfluche die Langsamkeit des Avancements, bei der ich noch immer nicht daran denken kann, meine Braut heimzuführen. – Ich freue mich auf die Jubelfeier in Göttingen,
haupsächlich in der Hoffnung, Dich dann dort zu sehen. Schreib mir nun recht bald, mein lieber Bismarck, wie es Dir geht, wie Du lebst, und ob Du im Septbr. nach Gött. kommen wirst.
Freilich weiß ich wieder nicht, ob Du diesen Brief erhältst. Ich setze voraus, daß Du in Aachen
bist. Dahin adressire ich also diesen Brief. Auch Deinen Titel kenne ich nicht, hoffentlich treffe
ich das Rechte, wenn ich Dich Referendarius titulire.

Lebe wohl, lieber Bismarck! ich wiederhole meine Bitte um eine baldige Antwort.

Dein

G. Scharlach.
Herrn
Referendarius Otto von Bismarck
Hochwohlgeboren
frei. zu Aachen.

13.

Straßburg 13/9. 37.

Lieber Scharlach!

Obgleich ich seit Jahr und Tag auf meinen letzten, Dir geschriebenen Brief keine Antwort erhalten habe, fühle ich mich doch im Augenblick gedrungen, auf die Gefahr hin, daß sie nicht an den Ort ihrer Bestimmung gelangen, zwei Zeilen in die Welt zu senden, lediglich um Dich in Kenntniß zu setzen, daß ich mich zum Jubiläum in Göttingen einfinden werde, und Dich zu bitten, dieses Rendezvous mit Deinem alten Freunde nicht zu verfehlen. Alles übrige, was ich Dir schreiben könnte, spare ich mir für mündliche Mittheilung auf und zeige Dir nur vorläufig an, daß ich versprochen bin, und gleich Dir in den heiligen Stand etc. zu treten gedenke, und zwar mit einer jungen Brittin von blondem Haar und seltener Schönheit, die bis dato noch kein Wort deutsch versteht. Ich reise im Augenblick mit der Familie nach der Schweiz, und werde sie in Mailand verlassen, um in Deine Arme, und von da in die meiner Eltern zu eilen, die ich seit fast 2 Jahren nicht gesehen. Wahrscheinlich bist Du schon verheirathet, sonst mußt Du mit mir nach England, um mich springen zu sehen, welcher **actus** im Frühjahr vor sich gehen wird. **En attendant** grüße Alle, die sich meiner erinnern und erwarte mich in der Krone, wo ich am Ende des Monats bei einer Flasche Lafitte die Sorgen dieses Lebens näher mit Dir zu besprechen hoffe; den Tag meiner Ankunft kann ich nicht genau bestimmen. Solltest Du **par hazard** meine Cousine, Fr. v. M., eine alte Flamme von mir, sehen, so theile ihr mit, was Du über mich weißt; schreiben mag ich ihr nicht. Auf Wiedersehen!

Dein Freund

Bismarck.

 in großer Eile.
 An den Herrn
 Assessor Gustav Scharlach
 Wohlgeboren
 Herzberg am Harz
 Kgr. Hannover. Im Falle der Abwesenheit des Adressaten wird Ein Kön. Amt zu H. ganz gehorsamst ersucht, den Brief geneigtest weiter zu dirrigiren. **verte**

Vom Amt hinzugefügt:
 In Gr. Schneen bei Göttingen.

14.

28/9. 37.

Eben hier angekommen, erhalte ich Deinen Brief; ich reise in Gesellschaft, und es ist mir unmöglich, mich hier aufzuhalten; ich übernachte in Eimbeck; solltest Du mich dort treffen können, so würdest Du mir eine große Freude machen; mein Reisegefährte, dem der Wagen gehört, in dem ich fahre, will durchaus nicht die Nacht hier bleiben, weil er morgen Mittag in Hanover sein muß; ich weiß mir daher nicht zu helfen, und kann nur um Deine Verzeihung und die Fortdauer Deiner Freundschaft bitten.
Dein

Bismarck.

Herrn
Assessor Scharlach
Wohlgeb.
Großenschneen.

15.

Hannover 4. Aug. 44.

Mein alter Freund!

Ich bin auf dem Wege nach Norderney hier durchgekommen, und nachdem ich an Max Flügge, den ich bat, mir das Quartier zu besorgen, vergeblich um Auskunft über Deinen jetzigen
Aufenthalt geschrieben hatte, bin ich erst jetzt im Augenblick meiner Abreise dahinter gekommen, durch das sehr einfache Mittel des Staatshandbuches, und habe aus diesem mit einiger
Heiterkeit gesehen, daß Du als interimistischer Oberteufel die Verdammten in Hildesheim ty-
rannisirst. Hätte ich das eher gewußt, würde ich meinen Herweg darnach eingerichtet haben;
jetzt habe ich hier nur grade noch Zeit zum Einpacken, da ich morgen zu nachtschlafender
Zeit, um 5 Uhr abreisen soll, und durch wunderliche Umstände engagirt bin, mit einem Rudel
Damen, die ich erst gestern kennen gelernt habe, der Familie Eures Kriegsministers, zusammen
zu fahren. Ich benütze die Zeit, um unsere Correspondenz wieder anzuknüpfen, die seit 6 Jahren und länger ins Stocken gerathen ist, ich glaube, weil Du mir übel nahmst, daß ich Dich
auf meiner damaligen Durchreise durch Göttingen nicht aufsuchte; wenn dem so ist, so wärst
Du im Unrecht, wie ich Dir demnächst in einem Schreiben aus Norderney mit mehr Muße
auseinandersetzen werde. Ich wußte später, als ich zu Hause zur Ruhe kam, nicht mehr, wohin
Du gerathen sein könntest, sonst hätte ich Dir längst geschrieben. Ich habe seitdem 5 Jahre
allein auf dem Lande gelebt, und mich mit einigem Erfolg der Verbesserung meines Wechsels
gewidmet, kann das einsame Landjunkerleben aber nicht länger aushalten und kämpfe mit mir,
ob ich mich wieder im Staatsdienst beschäftigen oder auf weit aussehende Reisen gehen soll.
Einstweilen habe ich mich vor 4 Monaten wieder bei der Regierung anstellen lassen, 6 Wochen
gearbeitet, die Leute und Geschäfte grade so schaal und unersprießlich gefunden, wie früher,
und bin seitdem auf Urlaub, treibe willenlos auf dem Strom des Lebens ohne anderes Steuer als
die Neigung des Augenblickes, und es ist mir ziemlich gleichgiltig, wo er mich an's Land wirft.
Gesundheitshalber will ich in der See baden, und ich bitte Dich mir nach N. zu schreiben,
wie es Dir geht, und wie wir es einrichten, daß wir uns sehen. Ich habe zwar versprochen, im
September Jemand in Holland abzuholen, um mit ihm den Rhein entlang zu gehen, bin aber
darin noch nicht fest und komme vermuthlich über Hannover zurück. Einstweilen gute Nacht
und schreibe mir bald nach Norderney.

Dein treuer Freund

Bismarck.
  Poststempel: Hannover 4. August.
  An den
  Königl. Amtsassessor Herrn Gustav Scharlach
  Wohlgeboren
  frei. Hildesheim.

16.

Kniephof bei Naugard 9/1. 45.

Lieber Scharlach **alias** Giesecke!

Aus meinen Wünschen, Dich auf meiner Rückreise von Norderney aufzusuchen, ist nichts geworden, und zwar aus einem sehr trivialen Grunde; ich hatte den dortigen Spieler, Herrn Hartog, wider meinen Willen, so freigebig unterstützt, daß mir nur eben so viel Geld übrig blieb, in Gesellschaft eines Bekannten über Hamburg, als den wohlfeilsten Weg, heimzukehren, und erreichte meines Vaters Hof mit Müh' und Noth, d. h. ich kam mit 25 sgl. auf seinem Gute an der Elbe an, und war froh daß ich durch mein unverdächtiges Aussehen der Bezahlung eines Passes an der Gränze entging. – Ich will Dich zuerst **au fait** setzen von dem, was mir seit unserer Trennung widerfahren ist. Bis Aachen kennst Du, glaube ich, meine Schicksale. Dort eröffneten sich mir durch das Wohlwollen einflußreicher Leute in Berlin sehr günstige Aussichten für das, was man eine glänzende Carrière nennt; und vielleicht hätte der Ehrgeiz, der damals mein Lotse war, noch länger und für immer mein Steuer geführt, wenn nicht eine bildschöne Engländerin mich verleitet hätte, den Cours zu ändern, und 6 Monate ohne den geringsten Urlaub auf ausländischen Meeren in ihrem Kielwasser zu fahren. Ich nöthigte sie endlich zum Beilegen, sie strich die Flagge, doch nach zweimonatlichem Besitz ward mir die Prise von einem einarmigen Obristen mit 50 Jahren, 4 Pferden und 15 000 rl. Revenüen wieder abgejagt. Arm im Beutel, krank am Herzen, kehrte ich nach Pommern heim. Bei dieser Gelegenheit (1837) kam ich durch Göttingen; da ich aber dergestalt Havarie gelitten hatte, daß ich mich von einer schwerfälligen und verdrieslichen Gallione mußte schleppen lassen, so war ich nicht hinreichend Herr meiner Bewegungen, um mit Dir zusammen treffen zu können. Ich trat darauf bei der Regierung in Potsdam in Dienst, suchte mich durch Spiel und Trunk zu zerstreuen, machte unverhältnismäßige Schulden, wurde Militär, um meiner Dienstpflicht zu genügen, gerieth in üble Zwiste mit meinem Chef, und ergriff unter diesen Umständen mit Begierde und mit der frohen Hoffnung, die ein Ausweg aus einer ruinirten Stellung in neue Verhältnisse gewährt, das Anerbieten meines Vaters, seine hiesigen Güter zu übernehmen, die groß, stark verschuldet und so verwirthschaftet waren, daß sie fraßen, statt einzubringen. Ich hielt mich noch 6 Monat in Greifswald auf, um auf der landwirthschaftlichen Akademie in Eldena nichts zu lernen, als was ich in jedem Buche lesen konnte, und setzte mich dann mit der vollen Unwissenheit eines schriftgelehrten Stadtkindes in eine sehr ausgedehnte und verwickelte Wirthschaft. Ich fand mich hinein, rettete den größten Theil meines zu erwartenden Vermögens, und die Beschäftigung gefiel mir zwei Jahre lang bis 41, wegen ihrer Unabhängigkeit; ich habe nie Vorgesetzte vertragen können, und hatte während meiner amtlichen Thätigkeit, theils aus gerechter Abneigung gegen unser verknöchertes Formenwesen, das in keinem Posten die mindeste Aussicht auf Selbstständigkeit bietet, theils in der letzten Zeit aus Trägheit und Widerspruchsgeist, einen sochen Widerwillen gegen alles, was mit der Bureaukratie zusammenhängt, eingesogen, daß ich sogar den angenehmen Posten eines Landraths ausschlug, der mir durch Wahl der hiesigen Stände geboten wurde, und den infolgedessen mein Bruder eingenommen hat. Ich sprach von 2 Jahren; nach dieser Zeit verliebte und verlobte ich mich abermals, erzürnte mich 14 Tage nachher mit der Mutter meiner Braut, einer Frau, die, um ihr Gerechtigkeit zu thun, eine der bösesten ist, die ich kenne, und die das Bedürfnis hat, noch selbst der Gegenstand zärtlicher Blicke zu sein. Nach fast jahrelangen Intriguen gelang es ihr meiner Braut einen höchst lakonischen Absagebrief an mich in die Feder zu geben. Ich hielt es meiner Würde nicht angemessen, die beleidigte Aufgeregtheit eines Gemüths zu zeigen, und ihr mit einigen Schüssen auf Brüder und dergl. der Ungetreuen Luft zu machen; ich trat in meiner Eigenschaft als Landwehroffizier auf einige Monate zur Dienstleistung in ein Ulanenregiment, focht tapfer gegen Staub und markirte Feinde, und da ich auch im Drange dieser Thaten meine Ruhe nicht fand, brauchte ich das Universalmittel für Verliebte, ich ging auf Reisen und wurde wieder liederlich. Von Edinburg durch England und Frankreich trug ich meinen Kummer über die Alpen, und war im Begriff über Triest nach dem Orient zu gehen, eventualiter die Afghanen durch die Lupe zu besehen, wozu ich mit Empfehlungen ausgerüstet war, als mir mein Vater in einem thränenfeuchten Brief, der von einsamem Alter, [73 Jahr, Witwer, taub] Sterben und Wiedersehn sprach, die Heimkehr anbefahl. Ich kam zurück – er starb nicht – und ich suchte in diesem Sommer einem Leiden durch Dieffenbach und Norderney abzuhelfen. Vorher, im Frühjahr, machte ich einen sechswöchentlichen Versuch, eine andere Krankheit, eine an Lebensüberdroß grenzende Gelangweitheit durch alles, was mich umgiebt, zu heilen, indem ich mich durch besondere Vergünstigung eines unserer Minister als Voluntär wieder im Staatsdienst beschäftigen ließ, und die angestrengte Arbeit in der insipiden und leeres stroh dreschenden Schreiberei unserer Verwaltung, als eine Art von geistigem Holzhauen betrachtete, um meinem theilnahmslos erschlafften Geist wieder etwas von dem Zustande zu geben, den einförmige und regelmäßige Thätigkeit für den Körper herbeizuführen pflegt. Aber theils war mir die krähwinklige Anmaßung oder lächerliche Herablassung der Vorgesetzten nach langer Entwöhnung noch fataler, als sonst, theils nöthigten mich häusliche Vorfälle, Unordnungen in meiner Verwaltung, Verlust meines bisherigen Administrators u.s.w. nach meiner Rückkehr von Norderney, die Verwaltung meiner Güter wieder selbst zu übernehmen. Seitdem sitze ich hier, unverheirathet, sehr einsam, 29 Jahre alt, körperlich wieder gesund, aber geistig ziemlich unempfänglich, treibe meine Geschäfte mit Pünklichkeit, aber ohne besondere Theilnahme, suche meinen Untergebenen das Leben in ihrer Art behaglich zu machen und sehe ohne Ärger an, wie sie mich dafür betrügen. Des Vormittags bin ich verdrieslich, nach Tische allen milden Gefühlen zugänglich. Mein Umgang besteht in Hunden, Pferden und Landjunkern, und bei Letzeren erfreue ich mich einigen Ansehens, weil ich Geschriebenes mit Leichtigkeit lesen kann, mich zu jeder Zeit wie ein Mensch kleide, und dabei ein Stück Wild mit der Accuratesse eines Metzgers zerwirke, ruhig und dreist reite, ganz schwere Cigarren rauche und meine Gäste mit freundlicher Kaltblütigkeit unter den Tisch trinke. Denn leider Gottes kann ich nicht mehr betrunken werden, obschon ich mich dieses Zustandes als eines sehr glücklichen erinnere. So vegetiere ich fast wie ein Uhrwerk, ohne besondere Wünsche oder Befürchtungen zu haben; ein sehr harmonischer und langweiliger Zustand. Meine ehemalige treulose Flamme habe ich öfter wiedergesehn, ihre Mutter scheint gegen unsere Verbindung nichts mehr erinnern zu wollen, doch bin ich auf ihre und ihrer Verwandten Versuche, eine Annäherung zwischen uns einzuleiten nicht eingegangen; denn, obgleich ich nicht sicher bin, daß alle Neigung in mir erstorben ist, so fürchte ich doch, daß die jahrelang wiedergekäuten Empfindungen einer leichtfertigen Mißhandlung meines innersten und wahrsten Gefühls, der Verrath meines Zutrauens, die Kränkung meines Stolzes, ein **residium** von Bitterkeit in mir gelassen haben, welches ich nicht glaube, hinreichend unterdrücken zu können, um jener Dame eine so glückliche Zukunft zu sichern, wie ich sie meiner Frau wünsche. Es ist mir beim besten Willen schwer, eine wirkich empfundene Beleidigung halbwegs zu vergessen. – Ich habe, um Dir eine ungefähre Ansicht meines jetzigen Standpunktes zu geben, drei Seiten lang, wie ein Affe von mir gesprochen und bitte Dich nun, ein gleiches zu thun, d. h. nicht wie ein Affe, sondern wie ein weiser Mann, der im Begriff ist, sich zu verehelichen, wenns nicht schon geschehen. Schreib mir doch auch was Du von Dammers, Haccius, Hoppenstedt und den andern weißt. Vor 14 Tagen erhielt ich zu meiner großen Überraschung einen Brief von Mitchell King, der die Medicin aufgegeben hat, verheirathet ist, eine Frau, 5 Kinder und viele Neger besitzt, mit denen er Reis und Taback baut, auch Baumwolle. Leb' herzlich wohl, mein guter alter Freund, und versäume nicht mir bald ausführlich über Deine Begegnisse seit unserer Trennung zu schreiben; ehe wir uns weiter unterhalten können, müssen wir uns erst wieder einander vorstellen und bekannt machen, denn es heißt ja, daß sich nach Jahresfrist nie dieselben Menschen wiedersehn, also nach 11 Jahren? Wir wollen indeß hoffen, daß wir noch etwas vom Alten an uns haben.

Dein treuer Freund

Bismarck.

Poststempel: Naugard 11/1.
An den
Königl. Hannöv. Amtsassessor
Herrn G. Scharlach
Wohlgeboren
frei. Hildesheim.

17.

Hildesheim den 21. Juni 45.

Ich hoffe nicht, mein liebster Bismarck, daß mein langes Schweigen Dich gekränkt hat, oder daß Du deshalb meine Freude über Dein Schreiben vom 9. Jan. d. J. irgend bezweifelt hast.
....

ausgeschnitten

....

sen, allein Du weißt, wie schwer es wird, einen einmal aufgeschobenen Brief zu schreiben etc., also basta. Ich habe mich ausnehmend darüber gefreut, Dein bisheriges Leben ausführlich von Dir kennen gelernt zu haben, und mit der größten Theilnahme Deine Schicksale erfahren. Unter Deinen Verhältnissen, glaube ich, würde ich selbst dem Staatsdienst Valet gesagt und mich lieber um meine eigenen Angelegenheiten, als um das Wohl meiner Mitbürger bekümmert haben. Den Landrath zwar hätte ich mir wahrscheinlich nicht entschlüpfen lassen, obgleich ich zugebe, daß in Folge des einfältigen Centralisirens die unteren Verwaltungsbehörden durch Regierung und Ministerium auf lästige Weise in ihrer Wirksamkeit beschränkt werden. Allein so gut die Preußischen höheren Verwaltungsbehörden auch sind, so scheint doch nach meinen Erfahrungen an übermäßig geschäftskundigen Landräthen ein großer Überfluß bei Euch nicht zu sein, und ich würde deshalb die Gelegenheit nicht unbenutzt gelassen haben, den Leuten einmal das Muster eines Landraths....
....

ausgeschnitten

....

Du wünschest, daß ich Dir auch meine Erlebnisse ausführlich mittheile, liebster Bismarck! Ich glaube jedoch hierüber mich kurz fassen zu können, denn theils ist mein Leben ziemlich einförmig hingegangen, theils habe ich das etwa Bemerkenswerthe schon in früheren Briefen Dir erzählt. Wiederholungen bekannter Dinge, die du im Nachstehenden vielleicht finden wirst, mußt Du daher entschuldigen. Du weißt, daß ich mich früh verlobt habe, und daß ich bis zum Anfange des Jahres 1840 von einem Amte an das andere versetzt wurde. Bis zu dieser Zeit lebte ich daher theils auf dem platten Lande, theils in Flecken und kleinen Städten zwischen Philistern und deutschen Kleinstädtern und freute mich nicht wenig, als ich endlich nach Hildesheim, der zweiten Stadt unseres Königreichs, versetzt wurde. Hier habe ich mich nun bereits über 5 Jahre als Hülfsarbeiter bei der Landdrostei gehalten. Ein solcher Hülfsarbeiter ist ein Referent ohne Decisiv-Votum. Du kannst Dir also vorstellen, daß seine Stellung unter Umständen unangenehm sein kann, und Verdruß über Dummheiten eines Regierungsraths nicht gänzlich unterbleibt. Glücklicher Weise aber stehe ich mit dem Landdrosten und den sämmtlichen Regierungsräthen sehr gut, und kann für meine Person mich nicht beklagen. Außerdem bin ich im Strome der Zeit einer der älteren Hülfsarbeiter geworden und kann beim Eintritt einer hinreichenden Zahl von Vacanzen eine Beförderung zum Regierungsrath erwarten. Leider sind aber die Räthe bei allen Landdrosteien für den Augenblick fast sämmtlich jung und rüstig, die Aussicht auf Vacanzen mithin nur gering. Vorderhand denke ich indessen nicht an Carriere, sondern bin seelig im Genusse meines jungen Eheglücks. Mein Einkommen ist nicht bedeutend, reicht aber eben hin, und meine kleine Frau und ich sind die glücklichsten Menschen von der Welt, ungeachtet wir einigermaßen eingezogen leben. Unser Ehestand hat jetzt beinahe 6 Monate gedauert, daraus magst Du folgern, welche süßen Hoffnungen ich im Laufe des Monats October erfüllt zu sehen denke. Meine Frau hat sich Gottlob fortwährend so gut befunden, wie die Königin Victoria zu thun pflegt, und ich sehe deshalb dem entscheidenden Augenblick nur mit Freude und ohne Furcht entgegen.

Haccius habe ich seit vorigem Herbst nicht gesehn. Er ist jetzt commissarisch beim Stadtgerichte zu Clausthal angestellt und soll da ziemlich gern sein. D... hat im Jahre 1840 seine erste Faru verloren, nach etwa einem Jahr sich anderweit verheirathet und Kinder über Kinder gezeugt; er hat mir vor einigen Jahren einen zärtlichen Brief geschrieben, den ich schändlicherweise Weise noch nicht beantwortet habe. Es geht ihm in jeder Beziehung sehr gut. Er ist Advocat und Stadtsecretair (Stadtgerichts-Assessor) in Nienburg, hat in Zwischenräumen mit E... ein etwas dissolutes Leben geführt, soll aber jetzt den Trunk gänzlich abgestellt haben. 1836 habe ich ihn zuletzt gesehn. Mit Hoppenstedt bin ich Pfingsten in Hannover zusammen gewesen. Er ist Referent im Ministerio des Innern, Ehemann und Vater zweier Töchter. Ich amüsirte mich dort himmlisch und beklagte, nicht auch in Hannover angestellt zu sein. Hoppenstedt, Oldekop, Hülfsarbeiter im Kriegs-Ministerium, Ostermayer und Wächter, desgl. in der Ministerial-Abtheilung für Wegebausachen, bilden mit ihren liebenswürdigen Frauen einen ganz allerliebsten Zirkel. Meine Frau konnte sich gar nicht wieder von dort trennen. – Lorenz Witte ist Hülfsarbeiter bei der Landdrostei in Hannover, sieht noch gerade so aus und spricht noch gerade so wenig wie Anno 1833. Ebenso unverändert ist der Türke, Consistorial-Secretair in Hannover, der noch heutigen Tags Gefahr läuft, für einen Confirmanden gehalten zu werden. Moritz Lauenstein ist seit etwa 1 1/2 Jahren aus Curland zurückgekommen, kränklich und hypochonder, und mißtrauisch gegen alle Menschen. Er hat kürzlich sein drittes Examen bestanden, und erwartet jetzt die baldige Verleihung einer Pfarre. – Josua M... ist hier in der Nachbarschaft Pächter einer Kloster-Domaine, betreibt des Morgens seine Geschäfte, und ist Nachmittags 2 1/2 bis 9 Uhr auf dem Club in Hildesheim. Seine hübsche Frau hat also nicht viel von seiner Gesellschaft zu leiden. Er lebt in glänzenden Verhältnissen, ist aber nicht liebenswürdiger geworden. Mein ganzer Verkehr mit ihm beschränkt sich auf die wenigen Worte, die ich im Club mit ihm wechsele. Sein Busenfreund ist L..., der hier als Advocat lebt und im vorigen Sommer, nachdem er Gott weiß wieviel Körbe eingesammelt hatte, mit einer Witwe und Mutter zweier Töchter von 11 und 9 Jahren aus Erfurth sich verheirathet hat, die er kurz vorher auf der Eisenbahn zwischen Köthen und Leipzig kennen gelernt hatte.

Nun lebe wohl, lieber Bismarck, nimm kein Beispiel an meinem langen Schweigen. Könnten wir uns doch endlich einmal wieder sehen! Du würdest Dich überzeugen, daß ich so ziemlich der Alte geblieben bin und wenigstens meine Freundschaft für Dich sich durchaus nicht geändert hat.

Meine Frau läßt Dich grüßen.

Dein G. Scharlach.

Sr. Hochwohlgeboren
dem Herrn Otto von Bismarck
zu Kniephof bei Naugard
frei. in Pommern.

18.

4. July 1850.

Schönhausen bei Jerichow an der Elbe.
Lieber Scharlach **alias** G. Giesicke.

Thu' mir den einzigen Gefallen und sein nicht bös über mein bisheriges die Gränzen der gewöhnlichen Höflichkeit überschreitendes Stillschweigen; Du würdest Mitleid mit mir haben, wenn Du wüßtest, wie faul ich bin, und ich behaupte, daß dies der Grundzug des Preußischen National-Charakters ist; wir thun nur, was wir müssen; deshalb liefern wir recht gute Subaltern-Offiziere und Soldaten, mit der Generalität ist es schon schwach, und kommt mein Landsmann aus dem regelrechten Zwange, sei es nun des bunten Rocks oder der festen Bureau-Stunden in die Unabhängigkeit des Privatlebens, als Gutsbesitzer, Bauer, Rennthier, so geräth er, geistig noch mehr als körperlich, in eine stagnirende Trägheit, bis ihn das große offizielle Räderwerk „im Namen des Kehnigs" wieder bei irgend einem Rockzipfel erfaßt. In dieser nationalen Faulheit allein lag die Möglichkeit, daß sie uns im März 48 durch „Mißverständnisse", durch einfachen Mißbrauch des Königlichen Namens, eine Revolution octroyirten, mit der im Grunde nicht 10 000 Menschen im Königreich, von den Polen abstrahirt, einverstanden waren, und der man erst Sympathien schuf, indem man den Bauern und Arbeitern goldene Berge versprach. Auf diesen großen Nationalfehler beziehe ich mich zur Entschuldigung meiner persönlichen Faulheit; ich bin zu schwarz-weiß, um eine Ausnahme zu machen und äußert sich bei mir diese Epidemie in einer krankhaften Furcht vor meinem eigenen Tintfaß; nur wenn es vollständig ausgetrocknet ist, fühle ich mich wohl in seiner Nähe. Ich freute mich so herzlich über Deinen Brief, sowohl, daß Du mir überhaupt einmal wieder schreibst, wie über den Inhalt und die Gleichheit unserer Ansichten, daß meine Frau gleich damals sagte, nun antworte aber auch, und mache es nicht wie mit allen Andern; seitdem hat sie oft gefragt: hast du schon an Scharlach geschrieben? Aber in meiner Mappe liegen links **„lettres à répondre"** soviel, daß ich sie gar nicht mehr hineinstecke, und rechts **„lettres répondues"** ist ganz leer, mir graut vor dieser Mappe; indessen endlich schreibe ich doch wirklich, und will Dir ungefähr sagen, wie und wo. Wenn ich durch den aus meiner linken Hand aufsteigenden Cigarrenrauch zum Fenster hinaussehe, so blicke ich gerade nach Norden, rechts und links erst alte Linden, dann ein altfränkischer Garten, geschnittene Hecken, Götter aus Sandstein, Buchsbaum, Franzobst, dahinter eine Wüste von Maizfeldern (leider nicht meine) und etwa eine Meile von mir, auf dem jenseitigen hohen Elbufer das Städtchen Arenburg, das Du auf jeder Karte der Altmark finden wirst; aus den Fenstern des südl. Giebels würde ich in ähnlicher Lage die Thürme von Tangermünde sehn, nach Westen im Nebel den Dom von Stendal. Der Blick nach innen zeigt ein großes 3-stöckiges Haus mit uralten dicken Wänden, Tapeten von Leder und Leinwand mit Chimsee und Landschaften, Rokokko-Möbel von verblichner Seide, und im Ganzen einen Zuschnitt, der auf eine glänzendere Vermögenslage berechnet ist, als der jetzige Besitzer von seinen Vorgängern überkommen hat, ein Mißverhältniß, welches erhöht wird durch die Plünderungen, die unser „reactionäres" Ministerium über das Rüstzeug der Reaction verhändt, in Gestalt von Rentenbanken, Grundsteuer, Befreiung des Grundeigentums usw.

Das größte Glück, für welches ich Gott danke, ist mir durch meine Ehe geworden, in deren Verlauf von nun bald 3 Jahren ich mich des ungetrübten Sonnenscheins erfreue; ein Umstand, der mir bei Widerwärtigkeiten den Kopf über Wasser hält, ein Gewinnst in der Ehelotterie, den ich als besondere Gnade Gottes preise. Meine Frau hat mir eine im nächsten Jahre zweijährige Tochter und einen dicken und vergnügten, nunmehr 6 Monate und eine Woche alten Jungen geschenkt, welchen letzteren sie selbst nährt. Das Mädchen leidet etwas an Skropheln, und soll ich deshalb mit ihr in ein Ostseebad gehn. Demnach werde ich mich in der nächsten Woche mit Kind und Kegel nach Stolpmünde in Hinterpommern einschiffen; dort finde ich meine Schwiegerältern, die in der Umgegend wohnen. Meine Phantasie ist seit Wochen geschäftig, sich all die Gräßlichkeiten dieser Reise von 70 Meilen, mit 2 Mägden, Kindergeschrei, Windeln, Wickeln und Bettstücken auf das Lebhafteste auszumalen. Die Besorgnis, daß der Erfurter Humbug mich wieder in Anspruch nehmen werde, tritt in den Hintergrund, und bin ich sehr neugierig, wie unser Minister und Herr v. Radowitz, der „Kluge" katexochen es anfangen werden, die eigene Eitelkeit und Königliche Schwärmerei so weit zu betrügen, daß sie sich aus dem Lande der Romantik wieder in irgend eine Wirklichkeit herein lavieren. Über Radowitz existirt viel Irrthum in dieser Welt. Die Meisten halten ihn für eine dämonische Natur, von großartigen, geistigen Hülfsquellen, die irgend welche geheime Zwecke mit überlegener Geisteskraft und Energie verfolgt; das Düstre seine südslavischen Physiognomie, das Geheimnisvolle, in welches er sein Wesen zu Drapieren beliebt, bestärken in dieser Ansicht. Wenn ich auch von ihm nicht sagen will, wie jener Preußische General von Napoleon: „uf Ehre, en seelensguter Kerl. aber domm, domm!" so ist doch Radowitz ein Mann, der sich in nichts über das Niveau der Gewöhnlichkeit erhebt, als in einem erstaunlichen Gedächtnis, vermöge dessen er brockenweis ein umfangreiches Wissen in ihm der That nach fast unbekannten Fächern affectirt, und recht gute Reden für die Gallerie und das Centrum auswendig lernt, auch hat er die schwachen Seiten unseres allergnädigsten Herrn gut studiert, weiß ihn durch Mienen und große Worte zu imponieren, und seinen Edelmuth und seine Schwäche auszubeuten. Im Übrigen ist R. als Privatmann eine anständige und vorwurfsfreie Persönlichkeit, ein vortrefflicher Familienvater, als Politiker aber ohne irgend eine eigene Idee, von kleinen Expedients lebend, nach Popularität und Beifall haschend, getrieben von einer immensen persönlichen Eitelkeit, von Zeitungsdeklamationen und von der sogenannten öffentlichen Meinung, die doch nichts ist, als die Oberflächlichkeit derjenigen constitutionellen Schreier, die sich am unverschämtesten geltend zu machen wissen. Stüve war bei den Berliner Conferenzen im Vergleich mit Radowitz entschieden conservativ zu nennen. Ich würde in meinem Urtheil über R. weniger sicher sein, wenn es nicht durch das von sehr gescheuten Leuten bestätigt würde, welche ihn seit einem Menschenalter sehr genau kennen. Von diesem Manne hängen unsere Geschicke bisher noch vorzugsweise ab, und der König hängt an seinen persönlichen Freunden mit einer Zähigkeit, die keine Täuschung des Vertrauens erschüttert; z. B. B., von dem ihm die stärkste Untreue klar bewiesen worden ist. Im Ministerium ist Manteuffel der einzige zurechnungsfähige Mann; ihm fehlt nur initiative Energie, er muß getrieben, beredet werden, und wird das, seit Ruhe im Lande ist, schwerer von unserer Seite als von der liberalen, am leichtesten von den Ereignissen, vom **fait accompli**; seine Hauptstärke ist Zähigkeit, wenn er sich einmal entschlossen hat, aber bei schlimmen Entschlüssen ebenso wie bei guten. Bei Euch sieht es nicht viel besser aus, und des alten Königs Nachgiebigkeit in den neuesten Kämpfen mit Stüve betrübt mich tief. Wir gehen in Deutschland den Weg Frankreichs, und sind jetzt etwa bei 1836 oder 1837 angekommen; es muß uns noch sehr schlecht gehn, ehe es uns wieder gut gehn kann. Die Kinder sind nicht genug gebrannt, um das Feuer zu scheuen.

Daß bei D...das Herz oder der Ehrgeiz mit dem klaren Kopf durchgehen würde, hätte ich nicht gedacht. Schade um ihn. Was treibt denn der Bulle, auch Zimmermann genannt? Der Hamster, der Kazike, der Jude? – Das Bild (ist ja wol in Amerika?), Chasseur und all die andern Leute, denen ich Brüderschaft für dieses Leben schwor? wie benimmt sich Perz in Politik? Oldekop habe ich einmal **con moglie** in einem Berliner Gasthof gesehen, wenn ich nicht irre in dänischen Kriegssachen reisend. – Ich bin in den letzten beiden Jahren wenig zu Hause gewesen; bis zum November 48 war ich meist in Potsdam, um einer ruchlosen Camarilla zu assitieren, dann in dem Kammerwesen, um zu sehn, wie 350 Leute über unser Vaterland beschließen, von denen kaum 50 wissen, was sie thun, und unter diesen wiederum wenigstens 30 ehrgeizige und gewissenlose Schurken, oder von Eitelkeit ausgehölte Comödianten. Jetzt bekümmere ich mich außer der Kammerzeit um Politik gar nicht, komme nicht nach Berlin, correspondiere mit Niemand, und werde das fortsetzen, bis französische Ereignisse den Schlamm wieder aufrühren, und der Hoffnung auf Besserung Raum geben. Dann wird auch bei Euch manches Galgenfutter, daß jetzt in der Kammer das Maul aufreißt, den Platz finden, wo es hingehört. Die Elemente der Gesundheit sind bei uns noch vorhanden; das Offizierskorps und somit die Armee, gehört

uns; der Grundbesitz darf nur aus seiner Trägheit aufgestört werden, sogar der Bauer hat doch
soviel Einsicht gewonnen, daß er sich aus dem demokratischen Eldorado in vormärzliche Ruhe
zurücksehnt. Die materielle Macht ist noch da, die Revolution steckt nur in unsern Beamten
und dem angeblich gebildeten Mittelstande der größeren Städte, sie ist machtlos, sobald man
dem Spuk dreist ins Gesicht leuchtet; und wenn es nicht geradezu Gottes Wille ist, daß unser
Vaterland als solches untergeht, so werden wir den Brand ausschneiden, ehe es zu spät ist, sollte
auch dabei das „Blut von der Kelter gehn bis an die Zäume der Pferde, durch tausend 6hundert
Feldwegs". –

Ich hoffe, daß Du weniger faul bist, wie ich, und feurige Kohlen auf mein Haupt sammelst,
durch einen baldigen Brief; schreibst Du in den nächsten 14 Tagen, so adressiere nach Rein-
feld bei Zuckers in Pommern, in den folgenden 4 Wochen nach Stolpmünde in Pommern;
Du machst mir eine große, wenn auch unverdiente Freude damit. Empfiehl mich unbekannter
Weise Deiner Frau Gemahlin und lebe wohl; unsere Wege werden uns doch irgendwo einmal
wieder zusammen führen, wenn auch nicht in Wehnde, und dann will ich einige Flaschen Scharlachberger mit Dir trinken, alter Heiterkeit zu Ehren, noch lieber aber kalten Sect.

Dein treuer Freund

v. Bismarck.

Esq. King schreibt mir mitunter; er ist Pflanzer und züchtet Neger, deren glückliche Zustände er mir lebhaft schildert, so'n Kerl; deutsch versteht er nicht mehr. Motley schreibt sehr
beliebte Romane. Sei nachsichtig wegen der unlesbaren Handschrift; meine Frau hat hier nichts
als Stahlfedern, mit denen kann ich nicht besser. – Hast Du nicht Zeit und Lust gelegentlich
über Eure hannöverschen Zustände Correspondenzartikel für die Neue Preußische Zeitung zu
schreiben? Du würdest der guten Sache einen Dienst dadurch erweisen, und wenn Du sie mir
schicken willst, so besorge ich den Abdruck, ohne daß Du, wenn Du willst, irgendwie dabei
genannt wirst.

19.

(Wohl 1850, Anfang fehlt.)

...seine Rede in Erfurt auf mich gemacht hat, bei der nach dem Gedichte im Zuschauer die Gothaner sich um den Hals fielen, und Max von Gagern doppelt, nämlich für seinen noch nicht eingetroffenen Bruder Heinrich mit weinte. –

Von unseren alten Göttinger Bekannten sehe ich selten einmal Einen oder den Anderen. Hier in Hildesheim ist nur Kern, Amts-Assessor und Hülfsarbeiter bei uns, Lehmann, Advocat, den ich seltener sehe, und in der Nähe Josua M... als Domainen-Pächter und Gatte einer reichen Frau, und ebenso unliebenswürdig als sonst. Perz habe ich lange nicht gesehen. Haccius ist Ministerial-Referent für die Harz-Angelegenheiten im Finanz-Ministerio; als ich ihn zuletzt sah, war er sehr traurig über Hannovers Rücktritt vom Dreikönigsbündnisse. Er ist verheiratet mit einer schwächlichen Frau, hat ein einiges Kind gehabt und bald verloren und scheint sich nicht glücklich zu fühlen. Der Kazike ist Amts-Assessor und verwaltet die Bürgermeisterei in Peine, und zwar ganz vorzüglich. Ich sehe ihn mitunter, wenn er als Vertreter der Stadt zum hiesigen Provinzial-Landtage kommt. Der Jude ist Gutsbesitzer wenn ich nicht irre im Bückeburgischen oder in der Gegend von Hameln. Vor langen Jahren war er wegen schwerer Mißhandlung seines Bedienten in Criminal-Untersuchung und auch zu Gefängnißstrafe verurtheilt, die glaube ich im Wege der Gnade in Geldstrafe verwandelt ist. Er soll sich überhaupt sehr zu seinem Nachtheile verändert haben. Das Bild ist von Amerika zurückgekehrt und jetzt Zahlmeister auf dem deutschen Kriegsschiffe, der Hansa, mit 8 oder 900 Thlr. Gehalt nebst freier Beköstigung. Der Hamster ist Amts-Assessor in Clausthal. Vor einigen Jahren war er kurze Zeit Bräutigam; die Braut soll ihn wie man sagt in Folge anonymer Mittheilungen aus seinem früheren Leben verabschiedet haben. Chasseur soll als Pächter eines Guts im Hessischen Concurs gemacht haben und nach Amerika ausgewandert sein.

Deiner Aufforderung für die Kreuzzeitung Correspondenzen zu schreiben, möchte ich wohl nachkommen, lieber Bismarck; da ich aber nur Angriffe gegen die Verwaltung unseres Ministerii liefern könnte, glaube ich darauf verzichten zu müssen; denn so wenig ich es auch für pflichtwidrig halte, gegen einen Collegen oder Freund mich offen auszusprechen, glaube ich doch meiner anhängigen Stellung als Beamter schuldig zu sein, das Ministerium nicht öffentlich anzugreifen, auch wenn gar keine Gefahr für mich damit verbunden ist. Aus demselben Grunde enthalte ich mich auch für die Niedersächs. Zeitung zu schreiben. –

Daß uns das Schicksal einmal wieder zusammen führt, hoffe ich bestimmt. Vielleicht wird es bei einer demnächstigen Preuß. Cammersitzung möglich, eine Reise nach Berlin zu machen, und dort ein fröhliches Widersehn mit Dir zu feiern. Meine Frau räth sehr dazu, bei der Du abgesehn von meinen Erzählungen, durch Deine Rede gegen das Concubinat einen gewaltigen Stein Dir ins Brett gesetzt hast.

Empfiehl mich Deiner Frau Gemahlin, lebe wohl, lieber Bismarck, und laß mich bald von Dir hören.

In alter Freundschaft

Dein Scharlach.

(Schluß abgerissen.)

Aurich den 31. Oct. 1853.

Meine Absicht, Dich bei Deiner Ankunft in Frankfurt mit einem Schreiben zu bewillkomm-nen, lieber Bismarck, hats Du durch Deine voreilige Rückkehr aus dem Süden Europas vereitelt. Die nachfolgenden Zeilen, zu deren Anfertigung ich eine eben eingetretene Leere meines Ac-tentisches eiligst benutze, werden aber imer noch früh genug kommen, Dir Deinen aufrichtig-sten Freund und Verehrer ins Gedächtniß zurück zu rufen. Zunächst muß ich Dir nun schriftlich wiederholen, wie unendlich mich das kurze Zusammensein mit Dir erfreut hat. Die Freude über Deinen Besuch in Aurich wurde leider durch seine Kürze getrübt. Meine Frau war untröstlich, daß Du unser Haus in einem so unwohnlichen Zustande treffen mußtest und daß sie sogar mit ihrem Braten unverrichteter Sache hat abziehn müssen. Mich verdrießt die Geschichte nachträg-lich um so mehr, als Deine Eile, wie sich hinterdrein herausgestellt hat, gar nicht so nothwendig war, denn die Ministercrise dauert immer noch fort, und wird vielleicht noch bis Weihnachten spielen; Du kämst also selbst heute noch zeitig genug zum Wühlen nach Rothenkirchen. – Über den jetzigen Stand jener Crisis wirst Du mehr wissen als ich, denn hierher nach dem fernsten Winkel des Königreichs kommen nur ab und an dunkle und unbestimmte Gerüchte. Soviel scheint klar zu sein, daß Du B…in ein ungeheures Malheur hineingeritten hast. Der Mann hat in der bekannten Verfassungsfrage ungefähr so wie Du es hast haben wollen, votiert, und sich dadurch seine Collegen dergestalt verfeindet, daß er schon seit längerer Zeit an den Sitzungen des Gesammt-Ministerii gar keinen Theil mehr nimmt. Die Leute aber, die die von ihm kund gegebene Ansicht theilen, trauen ihm nicht und wollen mit ihm kein Ministerium bilden. Der arme Mann hat sich also vollständig zwischen 2 Stühle gesetzt, wird sich indessen bei seiner Klugheit und Uentbehrlichkeit schon wieder anzubringen wissen. Meine Hoffnung auf eine Versetzung nach irgend einer Stadt des civilisierten Europas schwindet immer mehr, und ich habe mit Resignation auf den 1. Mai nächsten Jahrs mir ein anderes Haus auf 2 Jah-re angemiethet, das wenigstens etwas mehr Bequemlichkeiten bietet, als meine gegenwärtige beschränkte Wohnung. Ich hoffe, daß Du im Sommer 1854 wieder Norderney besuchst und dann auf der Hin- und Rückreise etwas länger bei mir aufhältst. Hoffentlich bin ich dann ganz wieder hergestellt, und in der Lage, Deinen Verführungen zu den Genüssen des Bachus keinen passiven Widerstand entgegensetzen zu müssen.

Mein Leben hier in Aurich geht seinen alten Schlendrian ohne alle interessante Unterbre-chung fort, und ich weiß Dir nichts Besonderes von meinen Erlebnissen zu erzählen. Ich will Dich also nur noch bitten, mich und meine Gattin der Deinigen angelegentlichst zu empfeh-len, mir Deine Freundschaft auch ferner zu bewahren und einen Beweis davon recht bald durch einen langen Brief zu liefern.

Lebe wohl, mein liebster Bismarck!

Dein

Scharlach.

Fußnoten

1.   Giesecke = Studentenname Scharlachs. Auch andere Personen sind häufig nur mit dem Studentennamen bezeichnet.